0

nul

zero

10

tien

dziesięć

20

twintig

dwadzieścia

30

dertig

trzydzieści

40
veertig
czterdzieści

50
vijftig
pięćdziesiąt

60
zestig
sześćdziesiąt

70
zeventig
siedemdziesiąt

80

tachtig

osiemdziesiąt

90

negentig

dziewięćdziesiąt

100

honderd

sto

1000

duizend

tysiąc

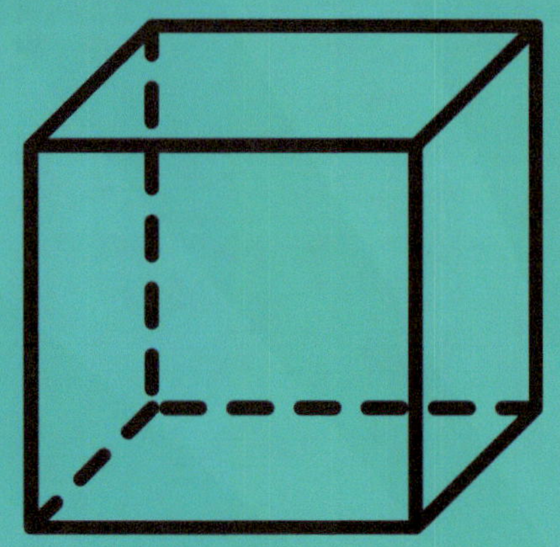

kubus

sześcian

blok

blok

ijsblokje

kostka lodu

karamel

karmel

suiker

cukier

dobbelstenen

kostki do gry

geschenkdoos

pudełko upominkowe

kartonnen doos

pudełko kartonowe

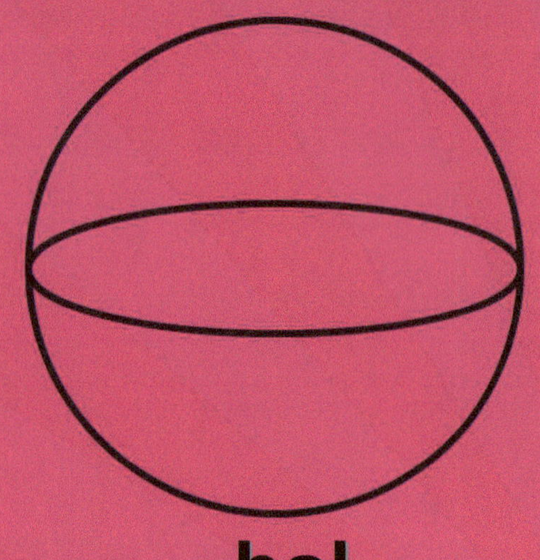

bol

kula

ijsschep

gałka do lodów

parel

perła

bubbel

bańka

knikkers

kulki

planeet

planeta

sneeuwbal

śnieżka

tennisbal

piłka tenisowa

cilinder

walec

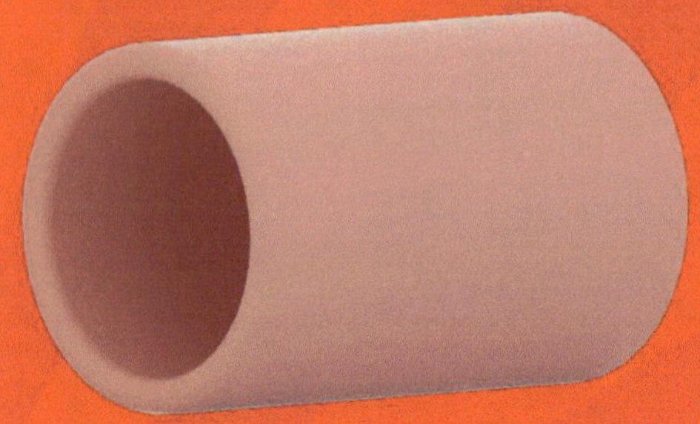

buis

rura

batterijen

baterie

draadspoel

szpula nici

kaneel

cynamon

deegroller

wałek do ciasta

worst

kiełbasa

hooibaal

bela siana

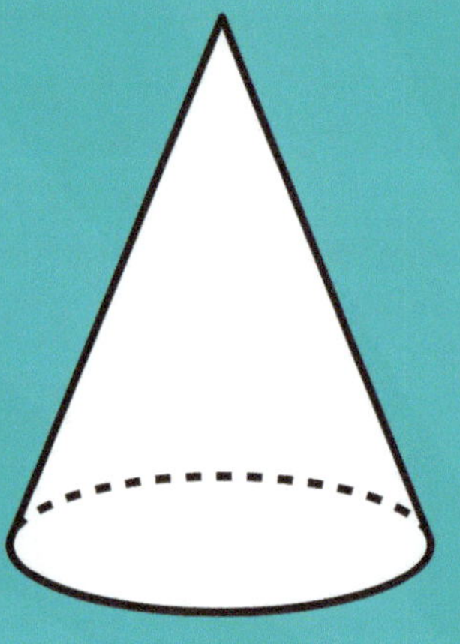

kegel

stożek

wegkegel

stożek drogowy

ijshoorntje

rożek do lodów

heksenhoed

kapelusz wiedźmy

kerker

loch

spar

jodła

feesthoed

czapka imprezowa

slak

ślimak

braambes

jeżyna

bes

porzeczka

clementine

klementynka

durian

durian

drakenfruit

smoczy owoc

jackfruit

dżakfrut

stervrucht

karambola

asperge

szparag

radijs

rzodkiewka

rode boon

czerwona fasola

raap

rzepa

cassave

maniok

yam

pochrzyn

kikkererwten

ciecierzyca

adelaar

orzeł

vleermuis

nietoperz

bever

bóbr

flamingo

flaming

raaf

kruk

merel

kos

pimpelmees

sikora modra

ekster

sroka

zwaluwvogel

jaskółka

leeuwerik

skowronek

parkiet

papużki nierozłączki

specht

dzięcioł

pauw

paw

papegaai

papuga

toekan

tukan

ooievaar

bocian

koraal

koral

zeeanemoon

ukwiał morski

zee-egel

jeżowiec

zeepaardje

konik morski

clownvis

błazenek

goudvis

złota rybka

krab

krab

heremietkreeft

biernatek

dolfijn

delfin

narwal

narwal

octopus

ośmiornica

inktvis

kałamarnica

walvishaai

rekin wielorybi

orka

orka

blauwe vinvis

płetwal błękitny

witte dolfijn

białucha

hamerhaai

rekin młot

witte haai

rekin biały

citroenhaai

żarłacz żółty

tijgerhaai

żarłacz tygrysi

sprinkhaan

konik polny

rups

gąsienica

schorpioen

skorpion

hagedis

jaszczurka

dinosaurussen

dinozaury

zwart haar

czarne włosy

rood haar

rude włosy

bruin haar

brązowe włosy

blond haar

blond włosy

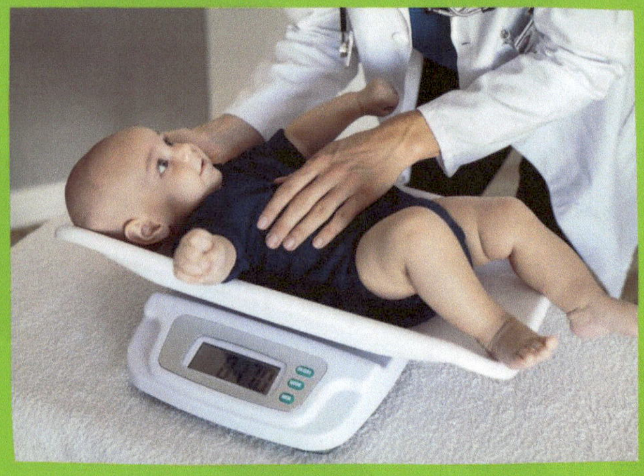

weegschaal

waga

ziekenhuis

szpital

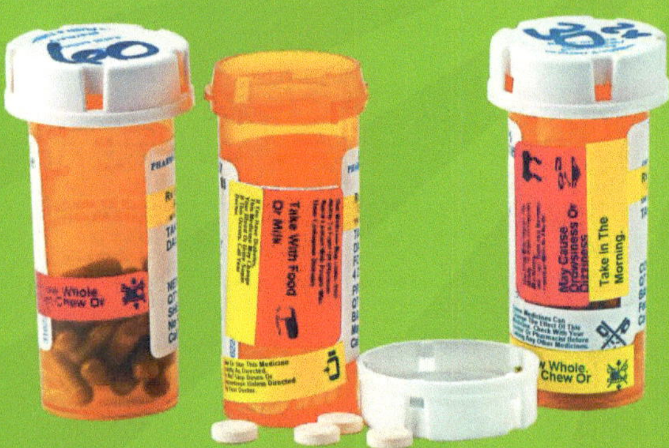

medicijn

lekarstwo

thermometer

termometr

verband

bandaż

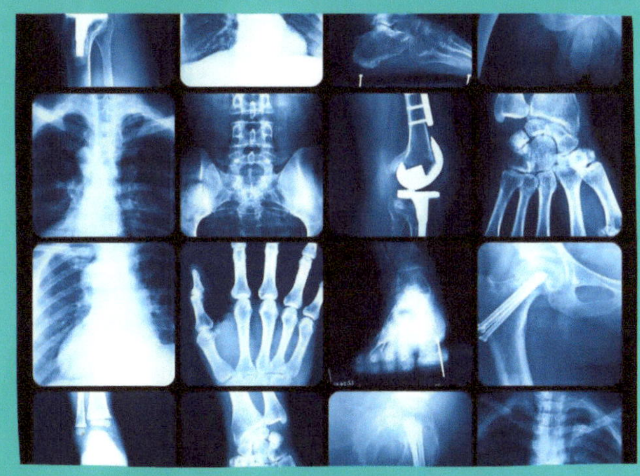

röntgenfoto

zdjęcie rentgenowskie

dokter

lekarz

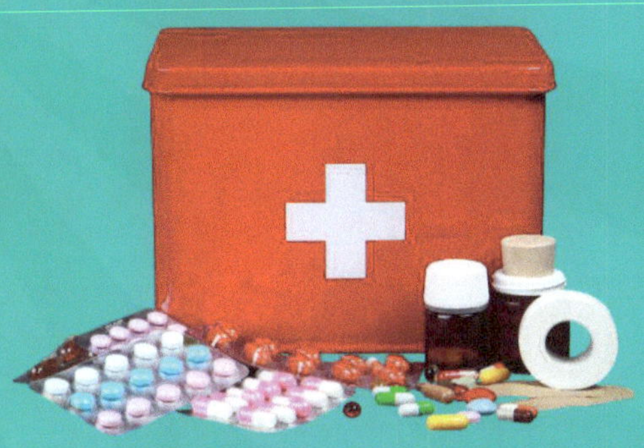

EHBO-kit

apteczka pierwszej pomocy

spelen

grać

tekenen

rysować

tellen

liczyć

schrijven

pisać

dansen

taniec

zwemmen

pływanie

skiën

narciarstwo

basketbal

koszykówka

tennis

tenis

tafeltennis

ping pong

voetbal

piłka nożna

paardrijden

jazda konna

ijshockey

hokej na lodzie

judo

judo

boksen

boks

hardlopen

bieganie

honkbal

baseball

cricket

krykiet

rugby

rugby

volleybal

siatkówka

maracas
marakasy

tamboerijn
tamburyn

xylofoon
ksylofon

viool

skrzypce

piano

fortepian

gitaar

gitara

cello

wiolonczela

harp

harfa

trommel

bęben

djembé

djembe

drumstel

zestaw perkusyjny

trompet

trąbka

hoorn

róg

saxofoon

saksofon

fluit

flet

koptelefoon

słuchawki

zingen

śpiewać

bladmuziek

nuty

microfoon

mikrofon